Alguns pensam que Deus existe, que ele é um ser de verdade, com personalidade e história.

A questão de Deus

Oscar Brenifier
Jacques Després

A questão de Deus

Tradução: Beatriz Magalhães

autêntica

A gente pode ter concepções muito diferentes, e mesmo **opostas, sobre Deus...**

Outros acreditam que Deus é uma ideia
que serve para a gente explicar tanto a origem do mundo
quanto os mistérios da vida e da morte.

Alguns pensam que existe apenas um Deus, único e todo-poderoso, mesmo que seu nome varie conforme as crenças.

Outros acreditam que existem inúmeros deuses, com natureza e poder próprios.

Alguns pensam que Deus nos é revelado pelos livros sagrados, pela palavra de profetas ou dos sacerdotes.

Outros acreditam que **Deus se faz conhecer** no coração de cada um de nós, no momento em que aceitamos sua presença.

Outros acreditam que Deus está, ao mesmo tempo, em toda parte e em parte alguma,
que ele não se encontra em um lugar mais do que em outro.

Alguns pensam que devemos respeitar a tradição e honrar o deus de nossa família ou de nossa cultura.

Outros acreditam que nossa relação com Deus
é uma questão de escolha pessoal,
que ela não diz respeito a ninguém, a não ser a nós mesmos.

Alguns pensam que **a fé em Deus é uma superstição inútil** e que devemos ouvir apenas nossa razão e confiar na ciência.

Outros acreditam que **Deus é necessário** para dar sentido ao universo e para guiar nossas ações.

Alguns pensam que Deus governa o mundo,
que cada uma de nossas ações decorre de sua vontade,
e que ele dispõe os acontecimentos com antecedência.

Outros acreditam que Deus deixa aos homens toda a liberdade, inclusive o direito de fazer o bem ou o mal.

Alguns pensam que **Deus responde às orações dos homens,** que podemos, portanto, solicitar ou agradecer sua ajuda.

Outros acreditam que Deus
é indiferente aos nossos pedidos,
que ele não existe para nos ajudar,
que simplesmente nos permite existir
enquanto ele quiser.

Alguns pensam que Deus une os homens e toda a criação,
pois ele é o pai de todas as coisas.

Outros acreditam que Deus é um motivo de discórdia,
pois desde sempre os homens lutam entre si por questões religiosas.

Alguns pensam que o temor a Deus é o que nos incita a fazer o bem, que sem a fé religiosa nós nos comportaríamos de forma desregrada.

Outros acreditam que a moral é um sentimento natural do coração humano, e que nossa reflexão nos conduz, em geral, para o bem.

Alguns acreditam que, se Deus realmente existisse e fosse bom,
não haveria violências, guerras e injustiças.

Outros pensam que é preciso ter confiança em Deus, que é causa tanto do mal quanto do bem, pois ele tem razões próprias para agir como age, mesmo que nem sempre a gente entenda suas razões.

Alguns pensam que Deus decide nossa sorte após a morte, e que nossa vida deve ser vivida na esperança do Paraíso ou de uma nova existência, e do medo do Inferno.

Outros acreditam que Deus não muda nada em nossa existência, que vivemos apenas uma vida, pela qual nós somos os únicos responsáveis.

E você ?

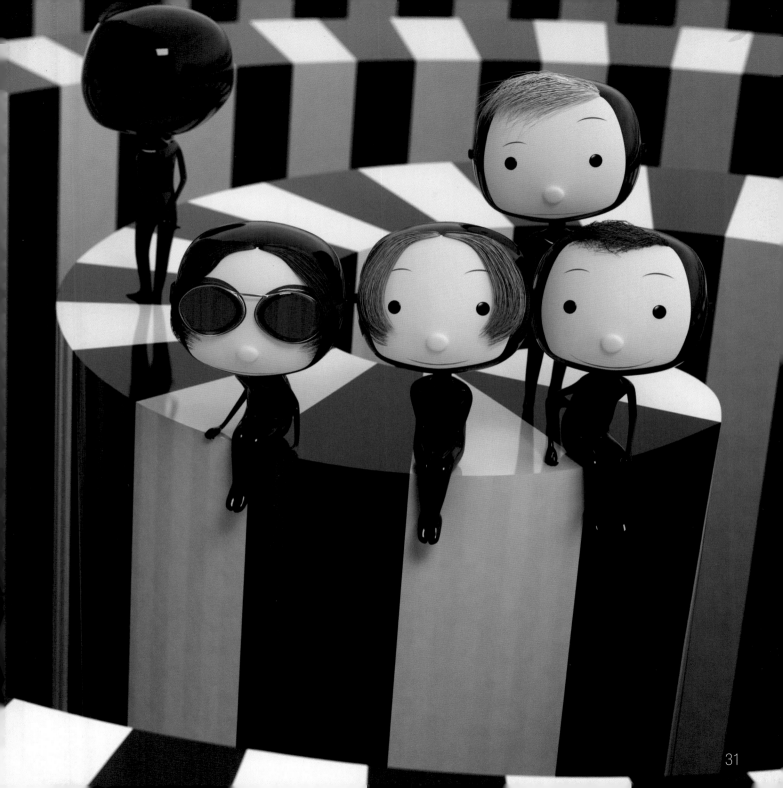

O autor

Oscar Brenifier, doutor em Filosofia e educador francês, trabalhou em inúmeros países promovendo ateliês de filosofia para adultos e de prática filosófica para crianças. Publicou, para adolescentes, a coleção L'Apprenti-Philosophe (O Aprendiz de Filósofo), pela Editora Nathan, e o livro *Question de logiques!* (Questão de lógicas!), pela Seuil Jeunesse. Para crianças, lançou as coleções PhiloZenfants (FilôCrianças), também pela Nathan, traduzida em diversas línguas, e Les Petits Albums de Philosophie (Pequenos Álbuns de Filosofia), pela Autrement, assim como os manuais para educadores *Enseigner par le débat* (Ensinar pelo debate), pela CRDP, e *La pratique de la philosophie à l'école primaire* (A prática da filosofia na escola primária), pela Sedrap. É um dos autores do relatório da UNESCO sobre a filosofia no mundo: *La philosophie, une école de liberté* (Filosofia, uma escola de liberdade).
www.brenifier.com

O ilustrador

Jacques Després, também francês, ingressou na École des Beaux-Arts (Escola de Belas Artes) em 1985. No início dos anos 1990, decidiu se dedicar a um meio que apenas começava a existir: a imagem virtual. Essa escolha o levou a trabalhar em campos tão variados como documentários, videogames, arquitetura e cenografia. Hoje, Jacques Després é ilustrador e continua sua reflexão sobre o espaço, o corpo, a luz, explorando as relações singulares que as palavras podem ter com as imagens.
www.jacquesdespres.eu

Le livre des grands contraires philosophiques (O livro dos grandes contrários filosóficos), primeira parceria dos dois autores, foi contemplado com o Prix de la Presse des Jeunes 2008 (Prêmio da Imprensa Jovem 2008), o Prix Jeunesse France Télévisions 2008 (Prêmio Juventude da Televisão Francesa 2008) e o prêmio La Science se Livre 2009 (A Ciência se Liberta 2009). Foi traduzido em 18 línguas.

Copyright © 2010 by Éditions Nathan, Paris – France
Copyright © 2013 Autêntica Editora

Título original
La question de Dieu

Edição geral
Sonia Junqueira (T&S - Texto e Sistema Ltda.)

Tradução
Beatriz Magalhães

Revisão
Lúcia Assumpção

AUTÊNTICA EDITORA LTDA.

Editora responsável
Rejane Dias

Belo Horizonte
Rua Aimorés, 981, 8º andar . Funcionários
30140-071 . Belo Horizonte . MG
Tel.: (55 31) 3214 5700

São Paulo
Av. Paulista, 2.073 . Conjunto Nacional
Horsa I . 23º andar . Conj. 2301 . Cerqueira César
01311-940 . São Paulo . SP
Tel.: (55 11) 3034 4468

Televendas: 0800 283 13 22
www.autenticaeditora.com.br

Revisado conforme o Acordo Ortográfico da Língua Portuguesa de 1990, em vigor no Brasil desde janeiro de 2009.

Todos os direitos reservados pela Autêntica Editora. Nenhuma parte desta publicação poderá ser reproduzida seja por meios mecânicos, eletrônicos, seja via cópia xerográfica sem a autorização prévia da editora.

Brenifier, Oscar
  A questão de Deus / Oscar Brenifier, Jacques Després ; tradução Beatriz Magalhães. -- 1. ed. -- Belo Horizonte : Autêntica Editora, 2013.

  Título original: La question de Dieu
  ISBN 978-85-8217-270-4

  1. Literatura infantojuvenil I. Després, Jacques. II. Título.

13-08157   CDD-028.5

Índices para catálogo sistemático:
  1. Literatura infantil 028.5
  2. Literatura infantojuvenil 028.5